UITGAVEN VAN HET
NEDERLANDS HISTORISCH-ARCHAEOLOGISCH INSTITUUT TE ISTANBUL

Publications de l'Institut historique et archéologique néerlandais de Stamboul

sous la direction de
A. A. CENSE et A. A. KAMPMAN

IX

LA DYNASTIE DE ŠARAḤBI'IL YAKÛF
ET
LA DOCUMENTATION ÉPIGRAPHIQUE SUD-ARABE

Printed in the Netherlands

LA DYNASTIE DE ŠARAḤBIᵓIL YAKÛF
ET
LA DOCUMENTATION ÉPIGRAPHIQUE SUD-ARABE

PAR

A. JAMME P.B.
S.T.D., D. Or., Lic. Bibl. St., Research Professor; The Catholic University of Amerika (U.S.A.).

İSTANBUL
NEDERLANDS HISTORISCH-ARCHAEOLOGISCH INSTITUUT
IN HET NABIJE OOSTEN
1961

Note préliminaire comprenant les abréviations utilisées dans la présente publication: BeSI: A. F. L. Beeston, *Sabaean Inscriptions*, Oxford, 1937; JaLSI: A. Jamme, *The Late Sabaean Inscription Ja 856* dans BiOr, XVII (1960), p. 3–5 et planche I. MoMiSI: J. H. Mordtmann und E. Mittwoch, *Sabäische Inschriften*, Hambourg, 1931; RyIMS: G. Ryckmans, *Les inscriptions monothéistes sabéennes*, dans *Miscellanea historica Alberti De Meyer*, Louvain, 1946, et RycIMAM: J. Ryckmans, *L'institution monarchique en Arabie méridionale avant l'Islam (Ma^cin et Saba)*, Louvain, 1951. – Nos fac-similés des monogrammes et symboles de CIH 540 (cf. p. 11) et 541 (cf. p. 16 et 17) sont reproduits dans J. M. Solá Solé, *Las dos grandes inscripciones sudarábigas del dique de Mârib*, Barcelona – Tübingen, 1960, respectivement p. 9 et 25.

TABLE DES MATIÈRES

PLANCHES

LA DYNASTIE DE ŠARAḤBI'IL YAKÛF

ET

LA DOCUMENTATION ÉPIGRAPHIQUE SUD-ARABE

La documentation épigraphique actuelle[1]) répartit sur quatre périodes la dynastie de Šaraḥbi'il Yakûf[2]): le règne solitaire de ce Šaraḥbi'il, sa corégence avec ses trois fils et ensuite avec les deux cadets et, enfin, la corégence de ces deux derniers sous la présidence du plus jeune. La titulature de chaque période est attestée dans des textes malheureusement tous très fragmentaires: respectivement CIH 644 et RÉS 4298, RÉS 4919 + CIH 537[3]); RÉS 4969; CIH 620. Cette dynastie, qui éventuellement pourrait comporter une cinquième et dernière période, se place approximativement entre 570 et 595 (et peut-être même 600) de l'ère sabéenne[4]),

---

[1]) Nous n'utilisons ici que les textes mentionnant des membres de cette dynastie, et les inscriptions datées. Seule une recherche paléographique d'ensemble pourrait suggérer d'autres textes.

[2]) A propos de ce roi, *RÉS* (V, p. 3) renvoie à «RÉS, 3223,3». Ce numéro, inexistant dans *RÉS* (VI, p. 52), devait peut-être, dans le plan original de *RÉS* VI, reprendre CIH 537, où *šrḥb* figure à la 1.3 si l'on fait abstraction des quelques fragments de lettres de la 1.1. RÉS 3258 ne contient qu'une brève note bibliographique relative à CIH 537.

[3]) Le fragment CIH 537 contient la *fin* des lignes de l'original; il doit donc figurer en dernière place dans la liste des fragments, et nullement en tête (cf. RycIMAM, p. ex. p. 159, note 10; 166, note 16, etc.: «CIH 537 + RÉS 4919»).

[4]) Les dates mentionnées dans la présente publication appartiennent toutes à l'ère sabéenne. L'utilisation de leurs équivalences de l'ère actuelle a l'avantage d'offrir des points de repère qui s'insèrent directement dans l'histoire générale. Elle n'en impose pas moins, dans chaque cas en particulier, de se souvenir de l'opinion des auteurs étudiés ou cités, relative au début de cette ère préislamique, gymnastique mnémotechnique que compliquent encore parfois les changements d'opinion d'un même auteur. L'année 115 avant J.-C. a été retenue pendant bien longtemps pour le début de l'ère sabéenne; y compris RycIMAM, p. 282, note 4. Plus récemment, les années 110 et 109 ont été proposées respectivement par A. F. L. Beeston (cf. BSOAS, 16 [1954], p. 37–40; nous l'avons adoptée dans Cahiers de Byrsa, 5 [1955], p. 277) et J. Ryckmans (cf. *La persécution des chrétiens himyarites au sixième siècle*, Istanbul, 1956, p. 12 et 22–23). L'année 115 vient de se voir tout récemment défendue à nouveau par A. G. Lundin (cf. *K voprosu o chronologii himyaritskich nadpisey*, dans Palestinskiy sbornik, 3 [66], 1958, p. 98–106).

c'est-à-dire dans la seconde moitié du 5e siècle de notre ère. Enfin, la publication de presque tous les textes impliqués dans la présente étude a pu être améliorée sensiblement.

A – Le règne solitaire de Šaraḫbi'il Yakûf: CIH 6, 644, Proche-Orient 1 et RÉS 4298.

L'étude du règne solitaire de Šaraḫbi'il Yakûf se centre sur CIH 644[5]). Ce petit fragment, qui contient environ un tiers des trois dernières lignes d'une inscription commémorative de construction, soulève des questions d'importance majeure, restées jusqu'ici dans l'ombre.

1 – La date contenue dans CIH 644 est fragmentaire, on le sait: [. .] 5. Toutefois, la documentation épigraphique contemporaine fait de ce reste l'élément le plus important qui eût pu nous parvenir. L'unique restitution qui nous paraisse plausible, est [57]5. Šaraḫbi'il Ya'fur[6]) règne, en effet, en 565 d'après CIH 540/98-100, et notre Šaraḫbi'il Yakûf préside deux corégences avec certains de ses fils approximativement de 580 à 590, époque qui voit le début de la corégence (± 590–595) de ses deux fils cadets. D'autre part, il est normal que le règne solitaire du père précédât sa corégence avec ses fils[7]).

Cette date de [57]5 rapproche donc très fortement notre texte, de Proche-Orient 1 et de CIH 6, respectivement datés de 574 et 573; et ce rapprochement est d'autant plus attrayant que le roi précédent n'est attesté qu'en 565. Comme CIH 540 de l'année 565 et RÉS 4919 + CIH 537 de l'an 582 n'appartiennent presque certainement ni à la fin ni au début des règnes en question, on peut raisonnablement faire commencer le règne solitaire de Šaraḫbi'il Yakûf vers 570.

CIH 6 est, à différents points de vue, d'une importance toute spéciale qui ne fait que corroborer l'opportunité du rapprochement des dates que lui et CIH 644 contiennent. Tout comme CIH 644, le texte comporte l'expression *b(y)thmw/yrś* «leur maison Yariś» (respectivement 1. 1 et 3), suivie immédiatement de la formule d'introduction du nom divin monothéiste; l'original du premier devait donc, à l'instar du second, commémorer quelque construction.

Comme l'a très bien vu *CIH* (I, p. 16–19), et après lui MoMiSI (p. 192) et C. Conti

[5]) Actuellement Ist 7507: pierre calcaire jaunâtre; épaisseur maximum: 8 cm; face antérieure (maximum): 49 cm. × 18,5; hauteur des lettres: 5 cm; interlignes: 1 cm.

[6]) Ce roi ne peut être considéré comme le père de notre Šaraḫbi'il Yakûf, car «on ne connaît pas d'exemple d'un roi portant le même prénom que son père» (cf. RycIMAM, p. 319). Nous ignorons tout de la relation éventuelle (consanguinité proche ou éloignée, affinité ou toute autre relation, voire même aucune) entre ces deux rois. «Šaraḫbi'il Yakûf était peut-être le neveu de Šaraḫbi'il Ya'fur, et le fils de 'Amr», pense RycIMAM (1. c.); au sujet de ce 'Amr, cf. JaLSI. Les règnes de ces deux Šaraḫbi'il sont suffisamment rapprochés l'un de l'autre pour pouvoir se suivre sans interruption; l'hypothèse d'un règne intermédiaire de courte durée ne peut cependant être exclue. Nous nous sommes abstenu de parler de la dynastie *fondée* par Šaraḫbi'il Yakûf, puisque nous ignorons tout des quelques années qui précèdent immédiatement son règne.

[7]) Cf. également RycIMAM, 1. c.

Rossini[8]), le texte est complet[9]). L'étude attentive de la photographie publiée par *CIH* permet d'assurer la lecture de quatre passages, dont le dernier est le plus important.

(a) Fin de la 1.1: *h* de *'lh* est suivi d'un rebord en relief de 2,5 mm de largeur. Son coin supérieur gauche étant libre de toute connexion, ce rebord appartient à l'encadrement du texte, qui a la même largeur au-dessus de la 1.1; et cette largeur est également celle de l'interligne en relief. Notons que, par contre, le trait de séparation des mots n'est large que d'1 mm. Le nom du père de 'Abʿalî est donc *'lh* (1.2) [. .]; nous ne parvenons malheureusement pas à déchiffrer le début de la 1.2.

b) L. 2: la lecture de *f* dans *fwlm* est certaine sur la pierre [10]); il suffit de comparer son tracé avec celui de *q* dans *hšqrn* (1.3).

c) La fin de la 1.3 se lit *wbnh* et nullement *wbr'* [11]); l'expression *brd'/rḥmnn* [12]) fait donc partie d'une formule nouvelle: *brd'/rḥmnn/wbnh*(1.4)*w* «avec l'aide du Miséricordieux et de son fils».

Cette formule caractérise évidemment les auteurs du texte comme étant chrétiens; il y a donc lieu de revenir sur la question de l'identification éventuelle du roi chrétien ʿAbdkulâl de la tradition arabe[13]) avec ʿAbdkulâlum, l'auteur principal de CIH 6[14]). ʿAbdkulâlum ne se présente assurément pas comme roi dans CIH 6[15]); mais il a très bien pu le devenir après la dynastie de Šaraḥbi'il Yakûf et avant le règne de Marṯad'ilân Yanûf attesté en 614 dans Fakhry 74/6.

---

8) Cf. *Chrestomathia arabica meridionalis epigraphica*, Rome, 1931, p. 71, no 62.

9) La partie gauche du texte serait manquante d'après BeSI (p. 4), qui maintient la lecture *yrt* (cf. *CIH*, I, p. 16 et C. Conti Rossini, 1. c.), contrairement à la correction de *CIH* (III, p. 314 B) et MoMiSI (1. c.). La première opinion de BeSI est invoquée par RycIMAM (p. 218) pour affirmer que la mutilation de la pierre est vraisemblable et «expliquerait qu'on ne trouve pas mention de rois dans l'invocation». La seconde assertion est osée; car, on le sait, l'absence de tout nom royal à la fin d'une inscription ne dépend pas de la brisure éventuelle du texte; nombreux sont les textes complets qui n'attestent aucun nom royal; p. ex. Proche-Orient 1.

10) Cf. déjà G. Ryckmans, *Les noms propres sud-sémitiques*, Louvain, 1934, I, p. 409 B. La lecture *qwlm* est maintenue par C. Conti Rossini (1. c.) et BeSI (1. c.).

11) La lecture *br'* a contraint les auteurs à formuler des solutions que ne justifie pas l'original. *CIH* (I, p. 18) restitue *wh* (fin de 1.3), alors qu'il n'y a pas de place pour ces lettres; MoMiSI (1. c.) sous-entend un complément direct, qui devrait être exprimé; BeSI en déduit la condition fragmentaire de l'inscription, et RycIMAM (1. c., note 18) propose une restitution qui allonge les lignes, de 37 signes, dont 31 lettres. Cette restitution ne cadre pas avec les 1. 1–2, où le substantif *bt* «fille de» se verrait séparé de *wbnyhmy* «et leurs deux fils» par 35 lettres (et 7 traits de séparation); ce qui est un peu trop pour le nom du beau-père de ʿAbdkulâlum.

12) Cf. également RyIMS, p. 199.

13) Cf. M. Hartmann, *Die arabische Frage*, Leipzig, 1908, p. 486, et MoMiSI, p. 192.

14) Cf. MoMiSI, 1. c.

15) Cette évidence est invoquée par RycIMAM (p. 217) pour rejeter l'identification qui serait cependant «plausible du fait qu'aucun souverain n'est cité dans l'invocation» (p. 217–18). Trop d'exemples ne permettent pas d'accepter l'argumentation contenue dans la citation.

d) L. 4: *mʾtm* est immédiatement suivi du tiers supérieur de l'encadrement, large, ici aussi, de 2,5 mm et dont le flanc gauche se trouve dans le prolongement du coin inférieur gauche de *b* de *bnh* de la ligne précédente. La distance entre ce rebord et le flanc gauche de la pierre est 1 cm, alors que *ḥyw*, qui est lu à la gauche de *mʾtm*, devrait avoir 1,7 cm de large.

2 – La longueur de l'expression introduisant le nom royal et celle de sa titulature excluent, si l'on tient compte de la disposition des lettres sur le fragment, la restitution du nom du père de Šaraḥbiʾil Yakûf, soit suivant soit précédant le nom du fils, – selon le modèle de CIH 620 –, ce qui impliquerait une corégence[16]). Elles exigent également que la formule mentionnant le nom divin, l'expression introduisant le nom royal et la titulature occupent respectivement 1.1 (fin) + 1.2 (début), 1.2 (début) et 1.2 (fin) + 1.3 (début)[17]).

3 – La commune mention de l'expression *b(y)thmw/yrś* suivie immédiatement de la formule d'introduction au nom divin monothéiste, dans deux textes que ne séparent que deux années et qui appartiennent au même type littéraire, nous paraît être une preuve suffisante de l'identité des auteurs des deux inscriptions. Il faut dès lors utiliser, dans la restitution de CIH 644/1–2, une expression s'inspirant de CIH 6/3–4, et qui pourrait être empruntée à Ist 7608bis/16: *rḥmnn/wbnhw/krśtś/ġlbn*. Cette expression se recommande d'autant plus qu'elle s'adapte très bien à l'espace libre réservé au nom divin monothéiste et que les autres formules connues sont toutes trop courtes, à l'exception de celle de CIH 543/1–2 qui est trop longue.

La lecture du texte que nous proposons ci-après, tient compte de toutes les remarques formulées dans les paragraphes précédents. On notera toutefois le rétrécissement des signes dans la seconde moitié de la 1.3. S'il paraît certain que le graveur fut court de place par suite d'un mauvais calcul dans la répartition des signes sur la pierre, on ne peut en déduire nécessairement que la date était suivie d'une addition de quelque longueur. On pourrait également conjecturer, par exemple, que la condition du coin inférieur gauche de la pierre le rendait inutilisable. Somme toute, la raison de ce rétrécissement des signes reste inconnue.

Notre lecture du texte s'établit donc comme suit:

1 . . .]*/bythmw/yrś/br* [*dʾ/rḥmnn/wbnhw/krśtś*]

2 [*ġlbn/wbmqm/mrʾhmw/šrḥ*] ⸢*bʾl/ykf/mlk/sbʾ/wd̲*[*rydn/wḥḍrmwt/wymnt*]

3 [*wʾʿrbhmw/ṭwdm/wthmt/bw*]*rh̲n/d̲ḥgtn/d̲lh̲mst/w*[*sbʿy/wh̲ms/mʾtm*]

4 – Deux autres conséquences du rapprochement de CIH 6 et 644 doivent être signalées ici. CIH 644 commémorait la construction non de la maison elle-même, puisqu'elle était vieille de deux années, mais de quelque addition majeure qui pourrait être des vérandas, comme dans RÉS 4919 + CIH 537.

---

[16]) RycIMAM (p. 221 et note 4) ne semble pas s'être posé la question.

[17]) Et non respectivement aux 1. 1, 1 et 2 (cf. 1. c., note 4).

Bien que les deux textes aient les mêmes personnes pour auteurs, l'absence de tout nom royal dans la première ne peut suggérer son antériorité par rapport à l'avènement du roi mentionné dans la seconde, et pas davantage être considérée comme l'indice d'un interrègne. Trop d'inscriptions (p. ex. Proche-Orient 1) appartiennent, on le sait, à des règnes auxquelles elles ne font pas allusion. A priori, d'ailleurs, leur nombre exclut de les rattacher toutes à des interrègnes, qui deviendraient vraiment trop nombreux. De plus, dans le présent cas, cet interrègne serait attesté en 573–574, à moins de recourir à l'expédient de dater fort opportunément la gravure de chaque texte, d'un interrègne de très courte durée.

Proche-Orient 1[18]) commémore l'aménagement d'un sanctuaire[19]) à *rḥmnn/bʿl/smyn* «Le Miséricordieux, seigneur du ciel», dans la ville de Ḍilaʿ[20]). D'après al-Hamdânî[21]), Ḍilaʿ se trouvait en Ḥaḍûr (106/21), était un manoir renommé (125/22) et, avec Ḍahr, un lieu très fertile du Yémen (107/26)[22]). Ces précisions permettent d'identifier ce Ḍilaʿ avec la ville principale de la région «Ḍulâʿ» mentionnée par J. Werdecker[23]) ou «Dhulaʿ» signalée par C. Rathjens et H. von Wissmann[24]), à environ 7 km au nord-ouest de Ṣanʿâʾ.

RÉS 4298. – Seetzen 3 fait l'objet de RÉS 2626, où il est commenté comme

---

[18]) Cf. Le Muséon 67 (1954), p. 99–105.

[19]) Le verbe *hqšb* (p. ex. 1.3 et 8 du présent texte et CIH 620/4) signifie «aménager, arranger» et non «remettre en état» (cf. p. ex. Le Muséon, 1. c., p. 101). Cette traduction était celle du *CIH* jusqu'avant CIH 541, où *CIH* a bien remarqué que *qšbn* des 1. 104–05 ne permettait pas semblable traduction. A. G. Lundin vient cependant de la reprendre pour CIH 541/112 (cf. Epigrafika vostoka, 9 (1954), p. 13). Cette traduction était déjà écartée par *tnṭʿw/whqšbn* de CIH 308/4: «they planted and arranged» (cf. BeSI, p. 27); c'est à la traduction de ce dernier passage, proposée par N. Rhodokanakis (cf. *Studien zur Lexicographie und Grammatik des Altsüdarabischen*, Vienne, I, 1915, p. 4: «erneuern») que se réfère Le Muséon, 1. c. – Concernant *mkrb*, cf. JaLSI.

[20]) Le nom de la cité est lu *blʿm* (cf. Le Muséon, 1. c., p. 100, texte sud-arabe et transcription). Dans la suite, cependant, il est question de «*Bilaʿum* (ou Ḍâliʿum)» (cf. traduction, p. 101) ou «Bilaʿum ou Ḍâliʿum» (fin du commentaire, p. 105), parce qu'«on pourrait lire *ḍlʿm*, les traits horizontaux reliant les extrémités des hampes des lettres se confondent avec les interlignes en relief. On connaît la localité *ḍlʿn* . . . CIH 338, 17 . . . la localité Ḍāliʿ, dans la région de Dahas, au N.-E. d'Aden» (p. 103). La particularité paléographique signalée est commune aux trois lettres *b*, *ḍ* et *m*. Les deux premières ont, en outre, en commun le dispositif central qui consiste dans l'alignement perpendiculaire de deux cavités rectangulaires de surface inégale et ayant pour base un petit côté. Ce qui les différencie, c'est uniquement l'ordre de ces cavités. Dans tous les *b* du texte, la hauteur de la cavité supérieure est environ la moitié de celle de la cavité inférieure; donc, la petite cavité se trouve dans la partie supérieure de la lettre. Cet ordre est renversé dans la première lettre du nom de la cité en question. On lira donc *ḍ* à l'exclusion de *b*. De plus, on ne peut, jusqu'à preuve formelle du contraire, identifier *ḍlʿ*M du présent texte avec *ḍlʿ*N de CIH 338/17.

[21]) Cf. D. H. Müller, *al-Hamdânî's Geographie der arabischen Halbinsel*, Leiden, 1884 et 1891.

[22]) Cf. aussi L. Forrer, *Südarabien nach al-Hamdānī's «Beschreibung der arabischen Halbinsel»*, Leipzig, 1942, p. 178, note 5.

[23]) Cf. *A Contribution to the Geography and Cartography of North-West Yemen*, Le Caire, 1939, p. 123 et cartes.

[24]) Cf. *Landeskundliche Ergebnisse*, Hambourg, 1934, carte 3.

«[SAB.?]» et «Indéchiffrable». Quelques années plus tard, M. Cohen ouvrit la voie au déchiffrement en précisant la nature de la difficulté et le moyen de la surmonter: «Malheureusement Seetzen . . . s'est borné à figurer une partie des traits qui limitent les surfaces. En conséquence l'inscription n'est pas 'indéchiffrable' comme l'indique le RÉS 2626, mais très difficile à déchiffrer; il faudra, pour le faire, copier de la même manière des inscriptions en relief du même type, reconnaissable à la forme du *w* . . ., jusqu'à ce qu'on connaisse bien les délinéaments caractéristiques des limites des creux; c'est l'affaire d'une longue haleine»[25]). Cette suggestion, nous n'en doutons pas, fut mise à profit par H. Schlobies, à qui est dû le premier déchiffrement de la copie[26]); il est repris dans RÉS 4298. L'ingéniosité de ces deux auteurs resta cependant incomprise[27]).

Le problème de la difficulté de déchiffrement nous paraît cependant devoir être repris. L'explication proposée par M. Cohen, en effet, ne rend pas compte de la différence d'attitude de celui à qui la science doit les toutes premières copies de textes sud-arabes. La copie de Seetzen 4 = CIH 620 est aussi belle et complète que celle de Seetzen 3 est difforme et fragmentaire. Il va de soi que la nouveauté de l'alphabet pour le copiste ne peut justifier cette différence. Il nous faut donc admettre que le texte était lamentablement endommagé, en d'autres termes que l'entremêlement des bords authentiques des signes et des arêtes factices dues au déchiquetage de la pierre n'a pas permis à Seetzen d'y voir très clair et d'éviter de prendre parfois le bord d'une brisure pour celui d'une lettre. Malgré tout le soin dont il était capable, Seetzen n'a pu que prendre du texte un tracé présentant plusieurs anomalies: l'inégalité excessive de la largeur des interlignes (le second est presque le double du premier), la dissemblance inaccoutumée des quatre *w*, la largeur exagérée du trait de séparation suivant *ykf*, la difformité générale des lettres et, enfin, le déséquilibre manifeste des trois premiers et des cinq derniers signes de la 1.3.

La remarque précédente relative à certains signes de la 1.3 doit être explicitée. Les trois premiers signes doivent être remontés de sorte que la cavité du cercle de *y* soit à la même hauteur que celle de l'autre *y*. Par contre, les cinq derniers doivent être abaissés afin de faire passer la ligne du bas des lettres immédiatement au-dessus du quatrième; dès lors, la partie supérieure du 1^r^, 2e, 3e et 5e signes appartient respectivement au bas de la courbe gauche de *m*, à celui du côté gauche de la hampe inférieure de *n*, au côté droit de la hampe inférieure gauche de *t*, et à une partie du côté inférieur droit de *w*, le quatrième signe marque l'endroit d'un éclat au-dessus duquel se trouvait le trait vertical de séparation des mots. Cette explication qui assure l'utilisation d'une bonne partie du tracé, permet également la restitution

[25]) Cf. *Documents sudarabiques*, Paris, 1934, p. 65.

[26]) Cf. Orientalia, 5 (1936), p. 62–63.

[27]) «La conjecture de Schlobies nous paraît fort douteuse. Si elle était fondée . . .» (cf. *RÉS*, VII, p. 182, commentaire de RÉS 4298) et «C'est avec raison que le *RÉS* met en doute la vraisemblance de cette lecture. La copie est illisible; on ne peut y distinguer avec certitude que les lettres *w* en relief» (cf. RycIMAM, p. 220, note 2).

d'un ʾ en fin de ligne. Nous nous sommes abstenu de reporter ces décalages sur notre fac-similé; il en est toutefois tenu compte dans notre transcription du texte. Notre fac-similé, tracé à partir de celui de la planche VIII, figure v, de M. Cohen, et qui comprend le déchiffrement de sept lettres de plus que celui de H. Schlobies, reproduit en pointillé les restitutions, partielles ou complètes, de signes, et en hachures obliques les parties en creux. Nous avons signalé plus haut certaines irrégularités de la copie; il nous reste maintenant à parler de deux autres points relatifs à notre déchiffrement.

a) – En fait de tracé pouvant présenter une réelle difficulté d'interprétation, il n'y a, à notre avis, que les signes encadrant *r* de *ḥḍrmwt* (1.3). Toutefois, ici comme pour *k* de *ykf* (1.2) et ʾ de *sbʾ* (1.2), on n'éprouve aucune peine à se représenter les bords des cassures enregistrés comme ceux de lettres.

b) – Le *k* de *ykf* doit faire l'objet d'une note spéciale en raison de son déchiffrement en *n* par *RÉS* (VII, l. c.). Le petit trait vertical de la copie se retrouve à plusieurs autres endroits (p. ex. dans *s* de *sbʾ*) et appartient à un bord vertical original de lettre; de plus, la partie inférieure gauche du signe précédent sert aisément de côté droit à la hampe inférieure droite de *k*. La lecture *n* imposerait à cette lettre une forme absolument anormale en courbant son appendice droit vers le bas (et non vers le haut, comme de coutume), à moins de ne pas tirer parti de cette partie inférieure du signe. Mais, puisque celle-ci peut être utilisée avantageusement, il n'y a vraiment pas lieu de recourir à une solution qui rend difforme la lettre *n*.

Notre reconstitution générale du texte se fonde sur notre déchiffrement des restes épigraphiques de la 1.1, laissés de côté par H. Schlobies. De plus, l'enchaînement des 1. 1–2 et 2–3, l'alignement de la dernière lettre des 1. 1, 2 et 3 (*w*; voir plus haut) et celui de la première des 1. 2 et 3 établissent la longueur exacte des lignes. En outre, la largeur du tracé des 1. 1 et 3 indique que ces deux lignes devaient avoir le même nombre de signes; la 1.3 a 18 lettres et 3 traits de séparation, mais la 1.2 n'en a que 12 et 4.

Nous présentons donc notre déchiffrement du texte comme suit[28]):

1 [(.) ./*wbmqm/mrʾh(m)w/š*]*rḥb*[ʾ]
2 [*l*/]*ykf/mlk/sbʾ/w*[*ḏ*]
3 [*r*]*ydn/wḥḍrmwt*[/]*wymnt*[/]*w*[ʾ]
4 [*ʿrbhmw/ṭwdm/wthmt*/ . . .]

1 [. . *et avec le pouvoir de son (leur) seigneur Ša*]*raḥbi*[ʾ]
2 [*il*] *Yakûf, roi de Sabaʾ et de*
3 [*Ra*]*ydân et de Ḥaḍramawt et de Yamnat et* [*de*]
4 [*leurs Arabes en haut plateau et basse contrée,* . . .]

---

[28]) Parenthèses et demi-crochets sont omis dans la transcription du texte; le tracé fragmentaire de chaque signe les rendrait beaucoup trop nombreux. Ils sont d'ailleurs superflus; le fac-similé montre clairement les parties reconstituées. Les parenthèses de la 1.1 indiquent deux possibilités de restitution.

B – Les deux corégences présidées par Šaraḥbi'il Yakûf.

1 – *Avec ses trois fils*: RÉS 4919 + CIH 537.

La première corégence dirigée par Šaraḥbi'il Yakûf est attestée en 582 dans RÉS 4919 + CIH 537. Ce texte, qui a été repris par RycIMAM (p. 341–46), commémore la construction de vérandas à une maison et la consécration de tout l'ensemble (1.8) à *rḥmnn/bʿl/smyn* «Le Miséricordieux, seigneur du ciel».

La question que la présente recherche se doit de mettre au point, est celle du nom du premier fils[29]) de Šaraḥbi'il Yakûf. Il nous faut donc discuter les 1. 5–7 du texte, dont RycIMAM (p. 343) propose la lecture suivante:

	RÉS	CIH
5	[Partie manquante]	. . . */brd* ▌ *'/'mr'hmw/'mlkn/šrḥb*
6	[*'l/ykf/wbnyhw*]*/nwfm/wlḥyʿt/ynwf/w* ▌	*mʿdkrb/ynʿm/'mlk/sb'/w*
7	[*ḏrydn/wḥḍrmwt/wymn*]*t/w'ʿrbhmw/ṭwd* ▌	*m/wthmt/wʿrbw/wstqfw*

La restitution du début de la 1.6 «comble exactement la lacune» (p. 345)[30]), précise le commentaire, qui ajoute cependant: «il est possible, mais peu probable, que *nwfm* soit l'épithète du premier fils de Šaraḥbi'il – dont le prénom aurait disparu dans la lacune – ou l'épithète du père de Šaraḥbi'il, qui serait mentionné dans la titulature de son fils» (1. c.).

La possibilité de la seconde alternative nous paraît être une réminiscence de la restitution suggérée par le même auteur, du début de Fakhry 60/1. Notre récente étude de l'original que nous avons repris sous la cote Ja 856, rend cette restitution inacceptable[31]).

La note «peu probable» donnée à la première alternative se heurte au fait que les noms des rois sabéens mentionnés dans des textes rédigés par eux-mêmes ou certains de leurs sujets[32]) comportent au moins deux éléments. Leur nom personnel officiel est donc au moins double; il se réduit cependant, souvent, à son premier élément lorsqu'il est répété dans le texte. Telle est la règle générale qui ne souffre que de rarissimes exceptions dont l'explication doit donc être cherchée dans une considération entièrement étrangère à la constitution des noms personnels royaux. En fait d'exception *complète*, c'est-à-dire que le nom du roi n'est actuellement

[29]) Concernant l'hypothèse selon laquelle Maʿadkarib Yanʿam serait le fils de Laḥayʿat Yanûf, voir plus loin dans l'étude de CIH 620.

[30]) Cette affirmation explique pourquoi l'auteur retient toujours, dans les pages suivantes de son ouvrage (p. ex. p. 223, 236, 237, note 4, etc.), à l'exception de l'«index des noms de souverains de Maʿîn et Saba» (p. 358–61), où il ne figure pas, le nom royal «Nawf».

[31]) Cf. JaLSI.

[32]) Nous avons déjà attiré l'attention sur le fait que la mention d'un roi dans une inscription qui n'est pas rédigée par lui-même ou certains de ses sujets, suit une règle différente: seul le premier élément du nom royal est normalement donné (cf. notre volume *La paléographie sud-arabe de J. Pirenne*, Washington, 1957, p. 170–73).

connu que comme n'ayant qu'un seul élément, nous ne connaissons que le cas d'un fils corégent: *ḏmrʿly/yhbr* et son fils *ṯʾrn/mlky/sbʾ/wḏrydn* (CIH 457/4–5; RÉS 4708/1 et 4775/1). Une autre exception, *partielle* cette fois, doit être mentionnée; il s'agit également d'un fils corégent: *ṯʾrn/yhnʿm* et son fils *mlkkkrb/mlky/sbʾ/wḏrydn/whḏrmwt/wymnt* dans Ja 669/27–29[33]). Cette exception n'est que partielle disions-nous; car le nom royal est double dans tous les autres textes; p. ex. Ja 670/21–23 (même corégence) et Ja 856/1 (corégence dirigée par ce *mlkkrb/y(h)ʾmn*). De plus, le cas de *krbʾl/mlk/sbʾ/wḏrydn* de RÉS 4771/2 ne peut être considéré, actuellement du moins, comme une autre exception partielle, le texte étant fragmentaire et, dès lors, le nom royal complet de *krbʾl/wtr/yhnʿm* pouvait très bien figurer dans la partie manquante.

Y a-t-il une exception dans RÉS 4919 + CIH 537/6? A priori, la réponse doit être négative; la règle générale onomastique rappelée plus haut est confirmée par les deux éléments de chacun des noms des deux fils cadets (pourquoi le nom du fils aîné ferait-il exception?) – et la restitution de la seconde partie du nom du père. Cette réponse serait cependant affirmative, s'il s'avère exact que la restitution du début de la 1.6, proposée par RycIMAM, «comble exactement la lacune». Que cette affirmation puisse et doive être discutée, c'est là une évidence qu'entraîne le contraste entre les ONZE lettres (et 3 traits de séparation) de la restitution de la 1.6, et les SEIZE (et 2) de celle de la 1.7. Une différence de cette envergure, CINQ lettres, est justifiable à la condition que, dans les fragments connus, la 1.7 comporte plus de lettres que la 1.6, c'est-à-dire que les lettres de la première soient moins larges que celles de la seconde. Il se fait cependant que c'est le contraire qui est vrai. Si la longueur de la 1.7 avec ses 29 lettres et 5 traits de séparation, est reportée à la 1.6, on peut y compter 32 lettres et demie et 7 traits de séparation; les lettres de la 1.7 sont donc plus larges que celles de la 1.6, un fait que nous allons retrouver dans Ja 876/3–5. Cette inégalité dans la largeur des lettres, il ne nous paraît pas raisonnable de la restreindre exclusivement aux fragments connus; elle doit être maintenue dans la restitution de la partie manquante. Il faut donc restituer un minimum de 20 signes au début de la 1.6, et *nwfm* est bien le second élément du nom du premier fils de Šaraḥbiʾil Yakûf, comme le montre notre lecture du texte:

5 . . . */brd* ▮ *ʾ/ʾmrʾhmw/ʾmlkn/šrḥb*

6 [*ʾl/ykf/wbnyhw/* . . . .]*/nwfm/wlḥyʿt/ynwf/w* ▮ *mʿdkrb/ynʿm/ʾmlk/sbʾ/w*

7 [*ḏrydn/whḏrmwt/wymn*]*t/wʾʿrbhmw/ṭwd* ▮ *m/wthmt/– –*

Rappelons, enfin, pour être complet, que le second nom du deuxième fils de Šaraḥbiʾil Yakûf, est attesté en *scriptio plena*, *ynwf*, à la 1.2, alors qu'il l'est en *scriptio defectiva*, *ynf*, dans Ja 876/3 et CIH 620/2.

---

[33]) Pour la distinction des deux paires de rois susmentionnés, cf. JaLSI, note 10.

2 – *Avec ses deux plus jeunes fils*: Ja 876.

La seconde corégence dirigée par Šaraḥbiʾil Yakûf est attestée dans Ja 876 qui nous le montre partageant le pouvoir avec ses deux plus jeunes fils, l'ainé [......] Nawfum ayant disparu de la scène politique pour une raison qui nous reste inconnue. Cette corégence peut être datée des environs de 585–590.
L'antiquité épigraphique Ja 876 est A. M. 172 et se trouve expliquée dans RÉS 4969[34]). Il s'agit d'une pierre en grès rougeâtre dont la face antérieure est noircie, et fragmentaire de toute part. Son épaisseur est 7,5 cm; sa plus grande largeur (à mi-hauteur de la 1.2) est 28,7 cm; sa hauteur à la pointe gauche 22,4 cm, et la longueur du flanc droit 20,3 cm. Le relief du texte a 0,7 cm, et l'interligne a une largeur à peu près normale de 0,9 cm.
Le texte de RÉS 4969[35]) atteste que le symbole central et les fragments épigraphiques du début de la 1.1 ne furent pas identifiés et que le reste du monogramme de droite ne le fut qu'à moitié.
Notre lecture du texte s'établit comme suit:

1	[	Monogramme]	*⸢ʾml⸣[kn*	Symbole	*šrḥbʾ*	Monogramme	]
2	[	A]	*l/ykf*	B[	*wbnyh*	C	]

3 [*w/lḥyʿ*]⸢*t/ynf/wmʿdkrb/yn*⸣[*ʿm/ʾmlk/sbʾ/wḏrydn/w*]
4 [*ḥḍrm*]⸢*wt/wymnt/wʾʿrbh*[*mw/ṭwdm/wthmt/hqnyw/ʾ*]
5 [*ln/bʿl/s*]*myn/lysmʿn/bʿnth*[*w/* . . .
6 . . .] [*/ʾmlkn/ʾbʿl/ḥ*⸣[*ḍrmwt/* . . .

1	[	Monogramme]	[*Le*]*s ro*[*is*	Symbole	*Šaraḥbiʾ-*	Monogramme	]
2	[	A	*il Yakûf*	B[	*et ses deux fils*	C	]

3 [Laḥay]at Yanûf et Maʿadkarib Yan[ʿam, rois de Sabaʾ et de Raydân et]
4 [de Ḥaḍrama]wt et de Yamnat et de l[eurs] Arabes [en haut plateau et basse contrée, ont dédié à ʾI–]
5 [lân, seigneur du ci]el afin qu'Il exauce de s[on] assistance [. . .
6 . . .,] les rois, les maîtres de Ḥa[ḍramawt, . . .

Dans notre fac-similé A, qui représente à peu près les trois premiers cinquièmes des trois premières lignes et fut dessiné à l'échelle 1 : 1/5, les hachures rectilignes obliques indiquent le creux des parties restituées soit en dehors du fragment dont le bord est indiqué par un large trait sinueux, soit à son flanc droit où un éclat

[34]) Au dire de RyIMS (p. 200), cette «inscription . . . est apparentée . . . historiquement à CIH . . . 630». Il faut lire CIH 620.

[35]) Les remarques de RycIMAM (p. 224) relatives à «la disposition des deux premières lignes» et «le nom de ces trois rois était également attesté par des monogrammes au début de l'inscription» doivent très vraisemblablement être comprises dans le sens du commentaire de *RÉS*.

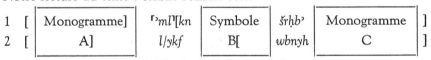

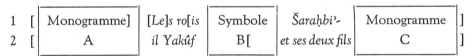

a mutilé le monogramme A et la lettre *t* (1.3). Les hachures horizontales dans la section du fac-similé représentant le fragment, indiquent les endroits endommagés. Le fac-similé B figure le fragment et tout ce qu'il nous fut possible de restituer; il fut dessiné à l'échelle 1 : 3/5 à partir du fac-similé A. L'échelle de ce dernier ne fut pas retenue pour B; les grandes dimensions du dessin dont elle nous eût imposé la confection, nous eût coûté de nombreuses heures de travail, alors qu'un format plus modeste et partant, moins dispendieux, pouvait nous assurer le même résultat, c'est-à-dire nous rendre compte de l'ajustement des restitutions qui ne figurent pas sur le fac-similé A. En outre, le format réduit du second fac-similé nous incita à adopter la méthode la plus simple pour différencier le fragment des restitutions, savoir le renversement du jeu de contraste entre blanc et noir. Nous joignons aux deux fac-similés la photographie du fragment afin de fournir au lecteur toute la documentation désirable, et lui faciliter ainsi l'étude des deux premiers.

1. Le symbole B. Ce symbole[36]) est bien connu. Comme nous avons tenu à le souligner antérieurement[37]), son axe vertical coïncide toujours avec celui de la pièce épigraphique; c'est là un fait qui conditionne impérieusement la reconstitution générale du texte. Le symbole de notre texte a à peu près les mêmes dimensions que celui qui servit de modèle à sa reconstitution, CIH 540/14–15.

L'axe vertical du symbole coïncide avec celui de *n* de *yn*[*ʿm*] (1.3), empiète très légèrement sur le flanc gauche de l'extrémité inférieure de la hampe supérieure gauche de *h* de *ʾʿrbh*[*mw*] (1.4) et passe à 0,2 cm à la gauche de *h* de *ʿnth* [*w*] (1.5).

2. Le début de la 1.1 [38]). Les restes épigraphiques du début de la 1.1 sont en tout

[36]) Le tronc de ce symbole est interprété par *RÉS* comme appartenant au «Monogr.: *?lḥyʿt?*» ou «Monogr.: *Laḥayʿat?*», parce qu'il est la «base de la hampe d'une lettre; le monogramme est sans doute celui de *lḥyʿṭt*, dont les trois premières lettres sont formées par une hampe» (cf. Le Muséon, 52 [1939], p. 92). La lecture *lḥyʿṭt* est une réminiscence de *CIH* (II, p. 358 B et III, p. 54: restitution de CIH 620/2), rejetée à juste titre par *RÉS* (VII, p. 424). La largeur de ce tronc, qui est 1,4 fois celle de la partie la plus large du «Monogr.: *Maʿadkarib?*», n'est justifiée ni en relation avec ce dernier monogramme ni sur la base des proportions utilisées dans les deux *h* du texte. Compte tenu de ces dernières, *ḥ*, à qui normalement le tronc en question devrait servir de hampe inférieure, aurait 11 cm de largeur et 20 de hauteur; . . . et le creux n'a respectivement que 8,25 cm et 7,75. De plus, ces dimensions du monogramme devraient être presque doublées. D'une part, en effet, l'appendice diacritique de *l* se rattacherait normalement à l'extrémité supérieure d'une hampe supérieure latérale de *ḥ* et, d'autre part, *t* ne pourrait trouver place qu'au-dessus du groupe des deux lettres *ḥ* et *y*, *ʿ* se confondant avec le cercle de *y*. Par contre, si les proportions des éléments les lettres ont été réduites, pourquoi le tronc ne l'a-t-il pas été, puisque son contraste avec le reste devait le rendre tout à fait anormal?

[37]) Cf. JaLSI.

[38]) *RÉS* restitue *šrḥb* à cet endroit qui, dès lors, devient, la partie centrale de la pierre épigraphique, flanquée à droite et à gauche, de deux monogrammes; l'axe de la pierre se situerait donc entre *y* et *k* de la 1.2. Cependant, les signes des 1.3 et 4 ne se répartissent pas également, comme il le faudrait, de part et d'autre de cet axe; c'est ce qu'indique le petit tableau suivant:

1. 3, a: 17½ + 3, et b: 14½ + 3,
4, a: 18 + 3, et b: 16 + 2.

point identiques à l'extrémité inférieure de *sm* (1.5); il faut donc lire ⌜'*m*⌝. Dès lors, le minuscule fragment de courbe placé à la gauche de ⌜*m*⌝ appartient à l'extrémité inférieure du flanc droit de *l*. ⌜'*ml*⌝[*kn*] se retrouve à la 1.6 et surtout dans RÉS 4919 + CIH 537/5, où il introduit également l'énumération des corégents Šaraḥbi'il et ses fils.

L'identité sur laquelle se base notre identification de ces fragments de lettres, n'est cependant pas, à première vue du moins, parfaite; car la largeur et la profondeur des creux y sont moindres que dans *sm*. L'explication de cette différence est obvie: une fine plaque de pierre a été enlevée par un éclat. Le tracé actuel des creux et leur contour original sont représentés dans notre fac-similé A, respectivement par une ligne et en pointillé; ils ne le sont pas sur le fac-similé B, car ils seraient pratiquement devenus indistincts sur la réduction photostatique destinée à la publication.

3. Le monogramme A[39]). Les restes du monogramme A montrent distinctement de droite à gauche *l*, *b* et *m* au registre inférieur, et l'extrémité d'un *š* couché sur le flanc droit et les 2/3 inférieurs de *d* dans le registre supérieur. Ce monogramme contenait, à notre avis, le premier élément des trois noms royaux. Les lettres *š* et *d* ne peuvent appartenir respectivement qu'à *šrḥb'l* et *mʿdkrb*; quatre des cinq lettres susmentionnées ne se retrouvent dans aucun des seconds noms royaux; enfin, il n'y a aucune raison d'exclure *lḥyʿt* puisqu'il n'ajoute qu'une seule lettre, *t*, au groupe formé par les deux autres, son *y* étant aisément formé par la superposition de deux lettres déjà présentes: ʿ sur la hampe centrale de *ḥ*.

Deux éléments sont d'importance capitale, on l'aura sans doute remarqué, pour la reconstitution du monogramme: la position de l'extrémité de *š* et l'appendice supérieur droit de *l*. La largeur de cet appendice de *l* est 2,4 fois celle de son parallèle gauche de *m*; il apère donc que *l* était joint à une large extrémité de lettre et nullement à l'encadrement.

La courbure de l'extrémité de l'arc de *š* est telle que la lettre devait avoir 13,8 cm de longueur; il manque donc 8,7 cm au monogramme. Ces mesures cadrent très bien avec notre restitution du début de la 1.3. En effet, la base du monogramme depuis son flanc gauche jusqu'au bord droit du fragment actuel mesure 10,3 cm et correspond, à 1.3, à /*ynf*/, plus les 3/ 4 de *t* et les 5/8 de *w*, donc 4 lettres et demie et 2 traits de séparation. Les 4 lettres et demie et le trait de séparation de notre restitution remplissent les 8,7 cm de la partie manquante; la différence de 1,6 cm est bien expliquée par la présence d'un seul trait de séparation (au lieu de 2) et de 2 larges lettres (*w* et *ḥ*) (au lieu de 3: *t*, *n* et *f*).

L'agencement des lettres dans notre restitution de la section du monogramme située sous l'arc de *š* et à la droite de *l* est sans doute hypothétique; il n'en est pas moins le seul parmi la douzaine que nous ayons essayés, à disposer harmonieu-

---

[39]) Il coïncide partiellement avec le «Monogr.: *Maʿadkarib?*» du *RÉS* qui, cependant, ne donne aucune raison de son choix.

sement les lettres qui y doivent figurer. Il se fonde, en effet, sur les deux considérations suivantes. D'une part, l'ensemble plutôt massif de *l* supportant l'extrémité de *ś* trouve un parallèle plus que satisfaisant dans l'utilisation de *k*, qui est d'ailleurs la seule lettre qui puisse convenir, *ḥ* et *t* étant exclus en raison des proportions beaucoup trop trapues qu'ils devraient avoir, et ' à cause de la direction de sa partie supérieure. D'autre part, l'appendice droit de *l* requiert son accrochement à une large extrémité de lettre, et un *t* couché sur le flanc droit s'adapte parfaitement. Une fois *k* et *t* intégrés de la manière que nous venons de décrire, les autres lettres se casent pour ainsi dire naturellement: l'ensemble composé de *ḥ*, *y* et ʿ ne peut que se placer au centre, et la forme de ' l'exclut de l'intervalle entre *ḥ* et *k*.

4. Le monogramme C. Ce monogramme était sans doute le pendant de l'autre à l'extrémité des 1. 1–2. Son contenu nous reste inconnu. On pourrait certes penser de prime abord qu'il représentait les seconds noms des trois corégents. Il faut cependant faire remarquer que si ce monogramme fut conçu et réalisé comme les monogrammes que nous connaissons, la suggestion précédente n'est guère satisfaisante, car le monogramme ne contiendrait que 5 lettres, *y*, *k*, *m*, *n* et *f* (le cercle de *y* pouvant servir de ʿ), c'est-à-dire deux fois moins que le monogramme A; une différence aussi grande déséquilibrerait sans doute le parallélisme. Toutefois, le graveur a pu répéter certaines lettres, voire même les graver toutes afin d'équilibrer les deux monogrammes. Quoi qu'il en soit, nous ne disposons d'aucun indice nous permettant de tenter quelque reconstitution.

Les détails mis en lumière dans les paragraphes précédents, sont concrétisés dans notre restitution du texte, qui est parfaitement centrée sur l'axe vertical du symbole B. Dans le tableau suivant, le premier chiffre indique les lettres, et le second, qui est absent de trois colonnes, les traits de séparation des mots.

L. 1, a: 5, et b: 5;
 2, a: 4 + 1, et b: 5;
 3, a: 16½ + 3, et b: 16½ + 4;
 4, a: 17 + 2, et b: 17 + 4;
 5, a: 20 + 4.

L. 4–5: Le quart gauche de *w* de *ḥḍrmwt* se trouve sur la pierre[40]). – Notre restitution des 1. 4–5 se base sur les constatations suivantes.

a) – Les lettres de la première moitié de la 1.5 sont très serrées, ce qui explique que la 1.5 contient plus de lettres que les 1. 3 et 4. Ce qui reste de la 1.3 mesure 24,2 cm et contient 12 lettres et 3 traits de séparation; la partie correspondante de la 1.4 est longue de 25 cm et comprend 12 lettres et demie et 2 traits; par contre, la 1.5 ne mesure que 23,6 cm et comporte 14 lettres et 2 traits. Puisque 4 lettres et

[40]) Cette lettre est absente de la transcription du *RÉS*.

demie doivent être restituées au début des 1. 3 et 4, sans compter 1 trait de séparation à la 1.3, et surtout que le rétrécissement des lettres est attesté dans la *première moitié* de la 1.5, on doit restituer 6 lettres au début de cette même ligne 5, afin de maintenir, ici comme dans RÉS 4919 + CIH 537/6, la même largeur de tracé.
b) – Le sujet du verbe *ysmʿn* (1.5), qui n'est autre que la divinité monothéiste[41]), doit être explicité avant le verbe, puisqu'il ne l'est pas après. D'autre part, *lysmʿn* est précédé de . . .]*myn*/ à la 1.5[42]); et quoi de plus naturel que d'interpréter ce terme fragmentaire en . . ./*s*]*myn* ! Dès lors, l'absence de /*wʾrḏn* après [*s*]*myn* limite déjà considérablement notre choix parmi les expressions désignant la divinité monothéiste. En outre, *rḥmnn*/*ḏbsmw*]*[yn]* de Ja 857/3[43]) et *rḥmnn*/*bʿl*/*smyn* de RÉS 4919 + CIH 537/5 sont inutilisables, la première en raison de l'orthographe de *smwy*, et la seconde à cause du nombre trop élevé de ses lettres.
c) – La restitution de 5 à 6 lettres s'impose à la fin de la 1.4. Un verbe tel que *brʾw* ne peut convenir puisqu'il nécessite la mention de son complément direct, et ces deux éléments suivis de l'expression la plus courte qui soit, *mrʾ*/*smyn* de Gl. 389/4[44]), dépasseraient largement les possibilités de la lacune des 1. 4–5.
d) – C'est un fait bien connu que les textes monothéistes utilisent les expressions stéréotypées des textes païens[45]). Dès lors, la lacune des 1. 4–5 est adéquatement comblée par une expression combinant Ja 489 A/2–3[46]) et RÉS 5085/8 (de l'an 560; donc de quelque 25–27 années antérieur au présent texte). Tout en offrant le même nombre de lettres que *bʿl*, *mrʾ* ne peut être retenu à cause de la gravure de *rʾ* qui, sensiblement plus large que celle de *ʿl*, ne laisserait aucune place disponible pour le trait de séparation et réduirait l'emplacement de *s*. De plus, l'expression *rḥmnn*/*ḏbsmyn* de CIH 542/7 ne convient pas davantage, puisqu'elle contient une lettre en trop.
L. 5: *lysmʿn*/*bʿnth*[*w*]: *RÉS* restitue *bʿnth*[*mw*] avec le pronom personnel pluriel se rapportant aux sujets du texte, et traduit par: «que soit attentif à leur souci»[47]) sur la base de RÉS 3162/1[48]) qui, grâce à la dérivation de *ʿnt* de la racine *ʿny*, est rendu par[49]): «et que se préoccupe de leur souci» sur la base de RÉS 4988/2. Les trois lignes fragmentaires de RÉS 4988 ne contiennent, cependant, aucun terme appartenant à l'une des trois racines *ʿwn*, *ʿnw* ou *ʿny*. La traduction de *RÉS* ne peut être retenue.
a) Le complément direct de *smʿ* n'est pas introduit par une préposition; cf.

[41]) Cf. déjà *RÉS*, l. c., p. 460, et RycIMAM, p. 229–30.
[42]) Au lieu de [*wrḥmn*]*n* (cf. RyIMS, p. 200) et [*wrḥm*]*nn* (cf. RycIMAM, p. 346).
[43]) Cf. notre plaquette *A propos d'une chronique récente*, Washington, 1959, p. 15–16.
[44]) Cf. JaLSI, note 20.
[45]) Cf. JaLSI.
[46]) Cf. l. c., note 21.
[47]) Cette traduction est reprise par RycIMAM, p. 229; voir aussi p. 349.
[48]) RÉS 3162 (Ist 7511)/3 se lit: . . ./]*bn*/*ʾbydʿ*/*b*[. . . « . . .,[fils de ʾAbyadaʿ.[. . . »
[49]) Cf. Le Muséon, 69 (1956), p. 388.

lysmʿn/rḥmnn/ḥmdm/ -- (RÉS 4109 [= Ja 117]/1–5) «que Le Miséricordieux daigne exaucer Ḥamdum --», et les deux expressions parallèles de Šabwat: *lysmʿn/ṣlts* (Hamilton 11/3) «qu'Il exauce sa prière» et *lysmʿn/ṣlthmw* (Ja 866) «qu'Il exauce leur prière» [50]).

b) Dans les textes connus, à commencer par Geukens 7 (= Ja 575)/7, *ʿnt*, un dérivé de la racine *ʿwn*, signifie soit «troupe auxiliaire» (p. ex. Ja 575/7), soit «opération de renforcement» (Ja 635/10), soit tout simplement «aide, assistance» dans un contexte qui mérite d'être cité. Il s'agit de Ja 670/8–11: *bḏt/mtʿ/* -- */whʾwl/bnhw/*– */bʿntm* «parce qu'Il (ʾIlumquh) a sauvé -- et a ramené son [du dédicant] fils – grâce à une assistance [que lui a accordée le dieu]». *bʿnth[w]* de notre texte est l'équivalent idéologique de *bʿntm* de Ja 670/11.

L. 6: *ʾmlkn/ʾbʿl/⌊ḥ⌋ [ḏrmwt]*: *RÉS* lit *ʾmlkn/ʾbʿl/[...*, et renvoie à RÉS 5085/8: *ʾmlkn/ʾbʿl/rdn* qui, au dire de RycIMAM (p. 227), «se présente, mutilé» ici. Ce qui reste de la partie supérieure de la lettre placée immédiatement à la gauche de *ʾbʿl/* ne peut être que la section droite de la partie supérieure de *h*, *ḥ* ou *ẖ*: la courbe dessinée par le flanc droit de la hampe verticale supérieure est caractéristique de la moitié supérieure de *h* du fragment. C'est pourquoi nous lisons *ḥ*⌉ [*ḏrmwt*]. Notre connaissance des évènements historiques qui se déroulèrent au cours de la dynastie de Šaraḥbiʾil Yakûf étant nulle, il ne nous est pas possible de rattacher le nouveau titre à quelque fait concret et pas davantage d'en évaluer les conséquences.

Comme nous l'avons déjà souligné à propos de Ja 856, le symbole B est un emblême du dieu lunaire ʾIlumquh, et sa présence dans un texte monothéiste témoigne du syncrétisme adopté par les auteurs du texte, soucieux qu'ils étaient de ne pas s'aliéner leurs sujets restés fidèles au culte polythéiste de leurs ancêtres.

C – La corégence des deux frères Maʿadkarib Yanʿam et Laḥayʿat Yanûf:
CIH 620.

La corégence des deux frères Maʿadkarib Yanʿam et Laḥayʿat Yanûf après la disparition, de la scène politique, de leur père Šaraḥbiʾil Yakûf, est attestée dans CIH 620 qui peut être daté des environs de l'année 592. Ce texte, qui n'équivaut même pas à un septième des l. 1–5 de l'original, pose plusieurs problèmes de nature différente.

1 – *Le texte lui-même.*

La première question qui se pose, est celle de l'assertion de *RÉS* (V, p. 2) qui fait remarquer que «d'après Glaser ..., l'inscription porte deux monogrammes qu'il a copiés sous les nos 385 et 386»; ces deux numéros sont respectivement CIH 724 et RÉS 3444.

---

[50]) Cf. notre brochure *Quatre inscriptions sud-arabes*, Washington, 1957, p. 5 et planche.

Cette affirmation du *RÉS* se heurte immédiatement à des impossibilités. Comment CIH 620 pourrait-il contenir les dix dessins de CIH 724 et RÉS 3444 ? Il correspond approximativement au *second* septième de l'original; il ne peut donc contenir la moindre trace soit des monogrammes placés aux extrémités, soit du symbole central, soit enfin de tout autre dessin qui aurait pu se trouver dans les environs immédiats. Ensuite, comment pourrait-il porter les monogrammes des rois attestés dans CIH 724 et RÉS 3444 ? Le roi du dernier texte a régné tout à la fin du 5e siècle, et ceux dont notre texte fait mention, un siècle plus tard. Enfin, comment E. Glaser aurait-il pu copier CIH 620 entre 1882 et 1894 ? Il est un fait bien connu: Seetzen acheta le fragment CIH 620 en 1810 et tous ses bagages disparurent après sa mort violente.

Le passage incriminé d'E. Glaser[51]) ne fait jamais mention de Seetzen 4 = CIH 620, mais uniquement de Gl 385 = Seetzen 2 = CIH 724, et de Gl 386 = RÉS 3444. Ce qui nous paraît avoir enduit *RÉS* en erreur, c'est le fait que Glaser localise Gl 385 et 386, non à Mankat, mais à «Ṯafâr bei Jerîm», l'endroit où Seetzen a copié et acheté Seetzen 4. La confusion nous paraît certaine, puisqu'il affirme que «das Original [«der Stein» supportant Gl 385 et 386] befindet sich in Ṯafâr bei Jerîm» et que Seetzen 4 avait disparu plus de 70 années auparavant.

Dans sa restitution de CIH 620, *CIH* (III, p. 54) utilise à bon droit la titulature royale très longue sur la base de CIH 537/5–6, savoir *mlk/sb'/wḏrydn/wḥḍrmwt/wymnt/w'ʿrbhmw/ṭwdm/wthmt*, et cela nonobstant M. Hartmann[52]) qui n'avait retenu que la titulature longue: *mlk/– – –/wymnt*. C'est malheureusement cette dernière qui fut reprise dans RÉS 2627 = CIH 620.

La restitution du début des 1. 1–3, telle que la propose M. Hartmann[52]), se trouve pleinement justifiée par la répartition des signes sur le fragment; et cette restitution et la titulature très longue donnent 51 lettres aux 1. 1 et 2, avec respectivement 9 et 10 traits de séparation des mots. Dès lors, l'égalité des lignes requiert de faire terminer la 1.3 par *thm* (51 lettres et 10 traits de séparation) et, conséquemment, le *t* final de *thmt* commence la 1.4. Toutefois, si l'original commence avec le début des lignes proposé par M. Hartmann, la restitution d'un verbe au pluriel (ou au duel) précédant */whqšbn*, s'avère impossible, puisqu'on ne disposerait que d'un espace équivalent à *ny/* + le quart vertical droit de *š* (1.3) et que les trois quarts de cet espace seraient déjà occupés par le *t* final de *thmt*; cette impossibilité existerait encore dans l'hypothèse de 52 lettres à la 1.3, selon laquelle *thmt* (non pas seulement *thm*) figurerait en fin de ligne. Cette difficulté disparaît complètement si l'on admet que l'original contenait, lui aussi, les deux monogrammes A et C et le symbole B, et tout spécialement ceux de CIH 541/70–72, parce qu'ils prennent la hauteur de trois lignes (et non de deux, comme dans Gl 389/2–3, Ja 856/1–2, etc.)

---

51) Cf. MVAG, 1897, 6, p. 41.

52) Cf. *Die arabische Frage*, p. 163.

et que c'est précisément des dessins de cette hauteur qu'il nous faut dans le présent texte. Voyons donc maintenant si la largeur de ces dessins de CIH 541 s'adapte à notre texte aussi bien que leur hauteur. Cette largeur équivaut à l'espace occupé soit par trois larges lettres (*wṣḥ* du début de la 1.69), soit par trois lettres et demie de largeur normale (moitié gauche de *w* + *b‘l* du centre de la 1.69), soit même par quatre signes (*hgrn* et *yw/k*, respectivement au centre et à la fin de la 1.73). Le parallèle fourni par les dessins de CIH 541/70–72 est on ne peut plus adéquat. Les quatre signes *t/br* comblent exactement le début de la 1.4 correspondant à la largeur du monogramme A, et les deux larges lettres *ʾw* remplissent très bien l'équivalent de la longueur occupée, à la 1.3, par *ny/* + le quart vertical droit de *š̆*. On aura remarqué que nous avons retenu *brʾw* proposé par *CIH*[53]). L'introduction des dessins de CIH 541/70–72 dans notre texte divise les 1. 1–3 en deux parties égales, comme l'indique le tableau suivant:

1. 1, a: 25 + 5, et b: 26 + 4,
   2, a: 25 + 5, et b: 26 + 5 et
   3, a: 25 + 6, et b: 26 + 4.

Nous proposons donc de CIH 620 la lecture suivante:

1 [		*m‘dkrb/*]⌜*yn‘m/m*⌝[*lk/sbʾ/wḏrydn/wḥḍ*		*rmwt/wymnt/wʾ‘rbhmw/ṭwdm/wthmt*		]
2 [	A	*wlḥy‘*]⌞*t/ynf/ml*⌟[*k/sbʾ/wḏrydn/wḥḍr*	B	*mwt/wymnt/wʾ‘rbhmw/ṭwdm/wthmt/b*	C	]
3 [		*ny/š̆*]⌜*rḥbʾl/ykf/m*⌝[*lk/sbʾ/wḏrydn/wḥ*		*ḍrmwt/wymnt/wʾ‘rbhmw/ṭwdm/wthm*		]
4 [	*t/brʾw/*]⌞*whq*⌟*š̆bn/wṯwb*⌟[*n/* . . .					

2 – *Analyse du texte.*

On n'a pas manqué de souligner les deux caractéristiques du texte, savoir l'inversion de l'ordre des noms des deux fils cadets de Šaraḥbiʾil Yakûf comparativement à RÉS 4919 + CIH 537 et Ja 876, de même que la répétition de la titulature après chacun des trois noms royaux. La dernière en date des études consacrées à l'examen de ces deux caractéristiques, aboutit au jugement suivant: «On ne peut donner d'explication plausible de ces deux anomalies de la titulature»[54]).

Quant à la «curieuse formule»[55]) de la répétition de la titulature après chaque nom royal, l'affirmation selon laquelle «on ne connaît que trois autres cas où deux corégents d'une même dynastie sont nommés ensemble avec le titre répété au

[53]) *RÉS* (V, p. 2–3) suggère le verbe *‘ḏb* au lieu de *brʾ* «d'après C.I.S, IV, 158, 2, etc.» (p. 3). Le verbe *‘ḏb* est une restitution de texte dans CIH 158/2, et elle est rejetée par le *CIH* lui-même (III, p. 334 A). Ce verbe ne convient pas ici, parce qu'il signifie «réparer» (p. ex. CIH 325/4; la 4e forme verbale est cependant plus usitée; cf. p. ex. RÉS 3951/5; il signifie aussi «imposer une punition» dans les textes pénitentiels, p. ex. CIH 522/4) et que les parallèles de CIH 620 font allusion à des constructions (voir note 19 de cette publication), et non à des réparations.

[54]) Cf. RycIMAM, p. 237.

[55]) Cf. 1. c., p. 220.

singulier»[56]), savoir CIH 365/16–18, 407/30–32 et RÉS 4771/2[57]), ne peut être acceptée parce qu'elle est partiellement inexacte et qu'elle confond deux cas dissemblables. Les deux premiers textes ne mentionnent nullement une corégence, mais bien un règne solitaire. Le titre royal figure après le nom du fils régnant et celui de son père, les deux cartes d'identité étant reliées entre elles par *bn* «fils de»; c'est là une formule bien connue.

Tout autre est le cas de RÉS 4771/2: *krbʾl/mlk/sbʾ/wḏrydn/wḏmrʿly/ḏrḥ/mlk/sbʾ/wḏrydn*, dont nous avons déjà parlé dans notre étude de RÉS 4919 + CIH 537 à propos d'une question toute différente: la titulature est répétée après le nom de chacun des deux corégents, le père et son fils. Il y aurait lieu de se demander si une formule de ce genre ne reflèterait pas une situation particulière soit dans l'exercice du pouvoir, soit dans les relations mutuelles des deux parents, si nous n'avions RÉS 4132. Tout en étant très fragmentaire, ce texte n'en fournit pas moins . . ./*krbʾl/wtr/yh*]*nʿm/wḏmrʿly/ḏr*[*ḥ*/ . . ., et cette expression ne nous autorise pas à soupçonner une situation anormale dans l'autre texte, puisque tous deux, ils contiennent un décret porté conjointement par les deux corégents. Il ne faut vraisemblablement voir dans la formule de RÉS 4771/2, de même que dans celle de CIH 620, qu'une variante de la formule ordinaire, due au désir d'au moins un des corégents d'avoir une titulature personnelle et non commune. Cette hypothèse semble s'adapter spécialement bien à Maʿadkarib Yanʿam, comme on va le voir.

Le renversement de l'ordre des deux fils cadets de Šaraḥbiʾil Yakûf a déterminé RycIMAM à suggérer «une hypothèse, peu vraisemblable, mais qui pourrait résoudre la difficulté» (p. 237, note 4): Maʿadkarib Yanʿam serait le fils de Laḥayʿat Yanûf, et non pas celui de Saraḥbiʾil Yakûf. L'auteur s'empresse de faire remarquer, très justement d'ailleurs, qu'«on ne possède pas d'exemple d'un roi, régnant seul, qui mentionnât à la fois son père et son grand-père dans sa généalogie» (l. c.)[58]). On doit également ajouter que cette hypothèse imposerait une interprétation tout à fait anormale de RÉS 4919 + CIH 537/5–6 et de Ja 876/1–3 et nécessiterait, dans le présent texte, un nombre de lettres irrecevable: la 1.1 en comporterait 55 et les 1. 2 et 3 respectivement 51 et 50; en d'autres termes, et étant donné le dispositif des lettres sur le fragment, la fin de la 1.1 dépasserait l'alignement des 1. 2 et 3, de la longueur nécessitée par la gravue de /*wbnh*; il faudrait intercaler un trait de séparation des mots entre *w* et *lḥyʿt* au début de la 1.2, alors que la restitution de M. Hartmann comble parfaitement la lacune et, enfin, le début de la 1.3 serait d'une lettre en retrait sur l'alignement des 1. 1 et 2.

Le renversement en question appelle, à notre avis, une explication des plus

---

56) Cf. 1. c., p. 221.

57) Cf. 1. c., note 3.

58) L'auteur fait allusion à «un autre roi qui régna avec ses petits-fils (Istanbul 7608 bis)». Nous reviendrons ultérieurement sur cette question. Il nous suffit ici de dire qu'il s'agit d'un roi en corégence avec deux de ses cousins.

simples. Quoi de plus naturel que d'y voir un exemple d'un fait qui, pour n'être pas ordinaire, n'en est pas pour autant étrange et moins encore utopique: un cadet supplante son aîné. D'ailleurs, qui pourrait affirmer que le fils ainé de Šaraḥbi'il Yakûf n'a déjà pas lui-même été écarté définitivement du pouvoir par les intrigues combinées de ses deux frères cadets ou par celles de l'un d'eux? Sa disparition de la vie politique ne peut en toute hypothèse être considérée comme résultant nécessairement de sa mort naturelle prématurée. La dynastie de Yasrum Yuhanʿim ne nous montre-t-elle pas ce Yasrum revenir au pouvoir et diriger deux corégences (Ja 664 et 665) après le règne *solitaire* de son fils Šamir Yuharʿiš? Et c'est précisément cette même dynastie qui offre l'autre exemple de bousculade dans la succession dynastique.
L'étude des textes nous a, en effet, amené à retenir, à propos de CIH 353/6–7: – –/*mlk* (1.7)[. . . , l'opinion de J. H. Mordtmann[59]) qui y voit un nom personnel[60]). Au terme de cette interprétation, la corégence de Yasrum Yuhanʿim avec son fils Šamir Yuharʿiš est suivie, non du règne solitaire de ce dernier, mais d'une autre corégence, celle de *mlk*[*m*/ . . . .) et du même Šamir, qui étaient très probablement deux frères; après quoi, Šamir Yuharʿiš assuma seul le pouvoir royal.
Les considérations précédentes ont le grand avantage d'éviter la dissociation des deux caractéristiques de CIH 620 comme deux faits entièrement indépendants l'un de l'autre, ce que ne semble guère suggérer leur mention dans un seul et même texte; elles permettent, en effet, de les grouper, – et peut-être pourrait-on y joindre la disparition du frère aîné [. . . . .] Nawfum –, dans leur commune relation d'effet à une même cause: l'ambition de Maʿadkarib Yanʿam qui, peu satisfait du lot à lui imposé par sa condition de fils cadet, s'est fixé comme but final la première place. Il réalise, enfin, ses desseins dans sa corégence avec son frère Laḥayʿat Yanʿam. Est-il jamais parvenu au faîte de la gloire, c'est-à-dire à s'assurer à lui seul le pouvoir royal? Nous l'ignorons et la question reste entièrement ouverte, bien que la chose soit très possible puisque le texte suivant en date n'est que de l'année 614.

. ˙ .

La documentation épigraphique relative à la dynastie de Šaraḥbi'il Yakûf ne mentionne malheureusement aucun fait historique; elle se limite à des commémorations de constructions, exception faite de Ja 876 qui, d'après notre restitution, est la dédicace de la plaque elle-même, occasionnée par un évènement qui reste le secret de la partie perdue.

---

[59]) Cf. *CIH*, I, p. 431–32, suivi assez récemment par G. Ryckmans (cf. *Les noms propres sud-sémitiques*, Louvain, I, 1934, p. 233 B).
[60]) Par contre, J. et H. Derenbourg (cf. JA, 1883, II, p. 273) considèrent *mlk*[. . .] comme un substantif; cette interprétation a été récemment reprise par G. Ryckmans (cf. CRAI, 1943, p. 240) et Ryc IMAM (p. 167).

La date de 582 mentionnée dans RÉS 4919 + CIH 537, étudiée à la lumière de celles de 565 (CIH 540) et de [57]5 (CIH 644), nous a suggéré de placer aux environs de 570 le début de cette dynastie qui occupa le trône de Saba' vraisemblablement pendant au moins un quart de siècle. De plus, les réflexions formulées à propos de ʿAbdkulâlum de CIH 6 et la possibilité du règne solitaire de Maʿadkarib Yanʿam pourraient réduire considérablement le hyatus entre la dynastie précédente et le règne de Marṯad'ilân Yanûf, comme l'indique le schéma chronologique suivant:

±570–580: le règne solitaire de Šaraḫbi'il Yakûf;
±580–585: la corégence de ce Šaraḫbi'il avec ses trois fils;
±585–590: la corégence de ce Šaraḫbi'il avec ses deux fils cadets;
±590–595: la corégence des deux fils cadets de Šaraḫbi'il Yakûf;
?(±595–600: le règne solitaire de Maʿadkarib Yanʿam);
?(±600–602: le règne de ʿAbdkulâlum);
±602–610: ?
±610–620: le règne solitaire de Marṯad'ilân Yanûf.

La formule chrétienne de CIH 6 singularise ce texte d'entre les autres, sert de base à la restitution d'une formule plus développée dans CIH 644, et remet en question, très favorablement semble-t-il, le règne postérieur de son auteur principal, ʿAbdkulâlum.
Enfin, l'étude des textes nous a permis d'en améliorer considérablement la connaissance et tout spécialement celle de Ja 876. Les restitutions de CIH 620 et Ja 876, les deux seuls textes rédigés par des membres de cette dynastie, en incluant les monogrammes A et C et la symbole B, nous présentent leurs auteurs comme des syncrétistes dont le monothéisme s'accommodait de l'utilisation de certains dessins spécifiquement païens.

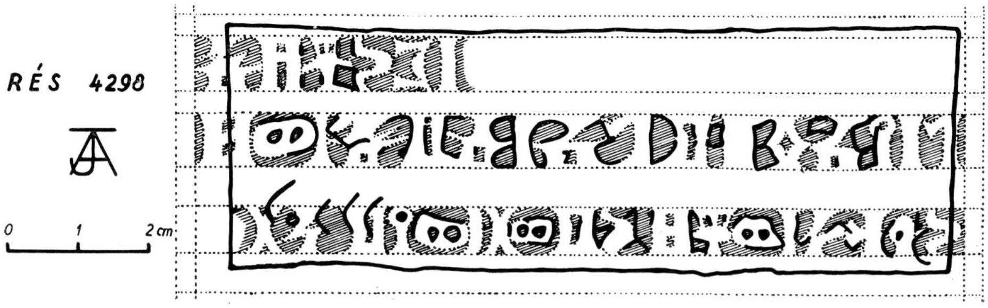

A. Fac-similé de la reconstitution de RÉS 4298

B. Photographie du fragment Ja 876

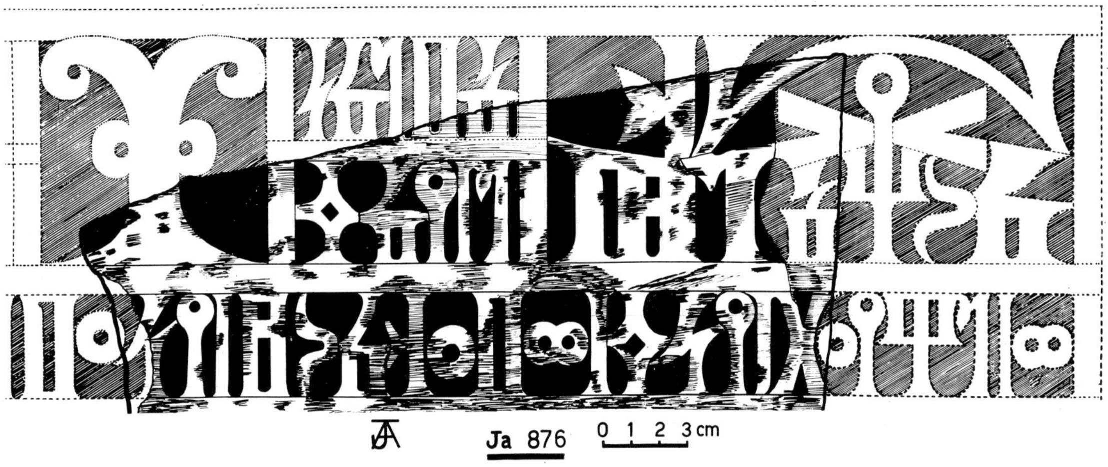

A. Fac-similé du tiers supérieur du fragment Ja 876 et des restitutions adjacentes

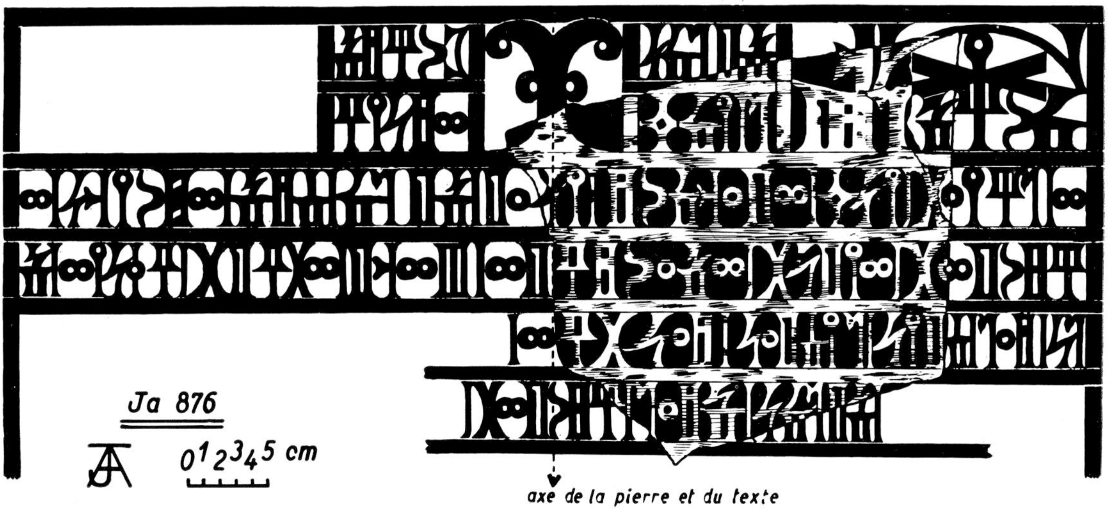

B. Fac-similé partiel de l'original de Ja 876